ニュートン式
超図解

最強に面白い!!

人工知能

仕事 編

JN022722

はじめに

「人工知能（AI）」は，すっかり耳慣れた言葉になりました。しかし皆さんは，私たちの暮らしの中にどれくらいAIが浸透しているか，ご存知ですか？

たとえば，世界の自動車メーカーがしのぎをけずって開発しているものに，「自動運転車」があります。この自動運転車には，AIが搭載されています。それから，スマートフォンの音声アシスタント機能や，音声のみで家電製品の操作などをすることができる「スマートスピーカー」にも，AIが使われています。さらにAIは，医療や芸術，災害対策などの分野にも，進出をはじめています。このようにAIは，私たちの暮らしのさまざまな場面で，働いているのです。

本書は，AIのおどろくべき進化と活躍を，ゼロから学べる1冊です。"最強に"面白い話題をたくさんそろえましたので，どなたでも楽しく読み進めることができます。働くAIの世界を，どうぞお楽しみください！

ニュートン式
超図解　最強に面白い!!

人工知能 仕事編

イントロダクション

1. 自動車を運転する AI

2. 人と会話する AI

3. AIが医療を変える

4. 接客や創作活動をする AI

5. 災害対策に活用される AI

イントロダクション

「人工知能（AI）」は現在，社会のどのような分野で使われているのでしょうか。イントロダクションでは，社会に進出するAIと，AIのこれまでの進化の道のりについて，簡単に紹介します。

1 社会に進出して，大活躍するAI

AIの活躍の姿は多種多様

「人工知能（AI）」は，めまぐるしい勢いで私たちの社会に進出しています。身近なところでは，インターネット上のコミュニケーションツールである「チャットボット」や，音声指示にこたえてくれる「スマートスピーカー（AIスピーカー）」があります。ほかにも，将来の移動手段として期待される自動運転車のAI，医師の診断の補佐などを行うAI，そして災害時に適切な救援を可能にするAIなど，その活躍の姿は多種多様です。

AIの快進撃は，とどまるところを知らない

最近では，顧客のクレームに対応したり商品をおすすめしたりといった接客をこなすAIや，企業の人事採用にかかわるAI，株価の動きを予測して投資を支援するAIなど，ビジネス界で活躍するAIの開発も進められています。

さらに，絵画の鑑定や制作，漫画家の支援，小説の執筆，ゲームの制作を行うAIなど，芸術分野にもAIの進出がみられるようになりました。AIの快進撃は，とどまるところを知りません。

さまざまな分野に広がる AI

家庭から自動運転車，医療，芸術まで，さまざまな分野で
AI が応用されるようになってきています。

スマートスピーカー

自動運転車のAI

医師の診断をサポートするAI

小説を執筆するAI

② AIに，仕事が奪われる かもしれない

AIに奪われる仕事は，マニュアル業務

　私たちの仕事がAIに奪われるのではないかという議論が，さかんに行われています。とくに大きな反響をよんだのは，イギリスの経済学者のカール・ベネディクト・フレイらが，2013年に発表した論文です。

　論文では，702の仕事に対して，あと10〜20年でAIに奪われる確率が，独自の指標で推定されています。AIに奪われる確率が高い仕事には，テレマーケーター（電話による販売員）や銀行の窓口係など，マニュアルにのっとった業務を行う仕事が多く含まれています。逆に，AIに奪われる確率が低い仕事には，カウンセラーや心理学者など，人の心にかかわる仕事，対話が必要な仕事が多く含まれています。

AIと共生し，明るい未来を築けるか

　AIの社会進出によって，仕事の総量はさほど変わらないと考える研究者もいます。一方，やはり多くの仕事が減り，社会構造が大きく変わると考える研究者もいます。人がAIと上手に共生し，明るい未来を築けるかどうかは，だれにもわからないようです。

AIに奪われる仕事は？

イギリスの経済学者が2013年に発表した論文をもとに，10 ～20年後にAIに奪われる確率が高い仕事と低い仕事を，それ ぞれ上位15位まであげました。

AIに奪われる確率が高い仕事TOP15	
1位	テレマーケター（電話による販売員）
2位	不動産登記の審査・調査
3位	手ぬいの仕立て屋
4位	コンピューターでの データ収集・加工
5位	保険業者
6位	時計修理人
7位	貨物取扱人
8位	税務申告代行者
9位	フィルム写真の現像技術者
10位	銀行の新規口座開設担当者
11位	図書館司書の補助員
12位	データ入力作業員
13位	時計の組立・調整工
14位	保険金請求・保険契約代行者
15位	証券会社の一般事務員

AIに奪われる確率が低い仕事TOP15	
1位	レクリエーション療法士
2位	整備・設置・修理の第一線監督者
3位	危機管理責任者
4位	メンタルヘルス・ 薬物ソーシャルワーカー
5位	聴覚訓練士
6位	作業療法士
7位	歯科矯正士・義歯技工士
8位	医療ソーシャルワーカー
9位	口腔外科医
10位	消防・防災の第一線監督者
11位	栄養士
12位	宿泊施設の支配人
13位	振付師
14位	セールスエンジニア（技術営業）
15位	内科医・外科医

出典：The Future of Employment: How Susceptible are Jobs to Computerisation?, Carl Benedikt Frey et al. (2013) 『人工知能は人間を超えるか』松尾 豊（角川EPUB選書）

AIは，こうして進化してきた

AIのブームは，過去にも2度あった

　AIは今，世界中で大きなブームとなっています。**2000年代なかばごろからはじまったこのブームは，「第3次AIブーム」とよばれています。実はAIのブームは，過去にも2度あったのです。**

　第1次AIブームは，1950年代後半〜1960年代にかけておきました。第1次AIブームでは，コンピューターを使って推論や探索を行い，特定の問題を解く研究が進みました。そして第2次AIブームは，1980年代〜1990年代のはじめごろにおきました。このときは，AIに知識やルールを教えこませる，「エキスパートシステム」とよばれるしくみの研究が進みました。

ディープラーニングが，AIを劇的に進化させた

　第3次AIブームの今，世界中の研究者がきそって研究しているシステムが，「ディープラーニング（深層学習）」です。ディープラーニングとは，AIにものごとを学習させる手法の一つで，人工知能を劇的に進化させました。ディープラーニングで学習したAIは，データに含まれるさまざまな特徴を，自ら抽出できるようになったのです。

まずはパズルやチェスから

第1次AIブームでは，コンピューターを使って，パズルや迷路を解いたり，チェスを指したりできるようになりました。ただし，当時のチェスAIは，人に勝つほどの性能はもっていませんでした。

人工知能（AI）

注：ここでは，AIをロボットとしてえがいています。
　　ただしAIは，必ずしも身体が必要なわけではありません。

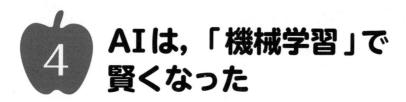

4 AIは,「機械学習」で賢くなった

AIに試行錯誤をくりかえさせる

AIの主な学習方法に,「機械学習」というものがあります。機械学習とは, AIに何度も試行錯誤をくりかえさせて, 正しい結果がみちびきだせるように, 回路を徐々にかえていく学習方法です。ディープラーニングも, 機械学習の一つです。

みずから答え合わせをし, 回路を調整していく

たとえば, AIにバナナの画像を正しく認識させることを考えてみます。学習をはじめる前のAIは, バナナを認識できるように調整された回路をまだもっていませんし, バナナのもつ特徴が何なのか, 画像のどこに注目すればよいのかもわかっていません。このため, バナナでないものをバナナだと認識したり, バナナをちがうものだと認識したりします。

AIは, 正解したりまちがったりしながら, そのつど, みずから答え合わせをし, バナナを認識できるように回路を調整していきます。そして膨大な量の画像を使って学習をくりかえすことで, だんだんと正しい答をみちびきだせるようになるのです。

バナ？ バナナじゃない？

最初は，あたえられたデータをうまく認識できないAIも，正解と不正解をくりかえし，答え合わせをつづける中で，正解をみちびきだせるように回路をかえていきます。

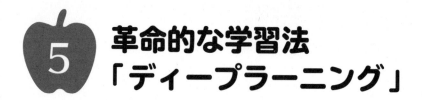

革命的な学習法「ディープラーニング」

脳のしくみをまねたシステム

機械学習のうち，人間の脳のしくみをまねしたものの一つが，ディープラーニングです。 人間の脳にはたくさんの「神経細胞（ニューロン）」があり，それらがたがいに情報を伝達しあっています。ニューロンは，受け取った情報をどの程度，次のニューロンへ伝えるのかという調整を，神経回路の構造を変えることで行なっています。**コンピューター上に，この神経回路と同じようなしくみでつくったシステムを，「ニューラルネットワーク」といいます。**

層を重ねるごとに，より複雑な特徴を得られる

ニューラルネットワークは，データを受け取る「入力層」，学習する内容によって回路のつながり方を変える「隠れ層」，最終データを出す「出力層」に分かれます。それぞれの層には，脳のニューロンに相当するものがあり，回路の調整が行われます。**このニューラルネットワークを何層にも重ねてつくられたシステムが，ディープラーニング（深層学習）です。** ディープラーニングは，層を重ねるごとに，入力されたデータについてのより複雑な特徴を得ることができるのです。

注：ディープラーニングについてのよりくわしい説明は，ニュートン式超図解 最強に面白い!!
『人工知能 ディープラーニング編』をご覧ください。

人の脳をまねている

ディープラーニングは，脳をまねてつくられたコンピューター上のシステムです。ディープラーニングによって，AIの能力は飛躍的に向上しました。

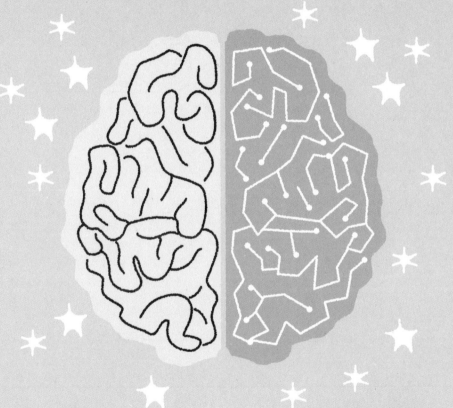

人間の脳のように，データの特徴を
学習できるようになってきたのね。

AIが未来の犯罪を予測する

 博士，AIが犯罪の発生を予測できるって本当ですか？

 海外では，犯罪が発生しそうな場所を予測する「ハンチラボ」や，犯罪リスクを評価する「ハート」といったAIが活躍しておる。日本でも京都府警に，2016年から「予測型犯罪防御システム」が導入されているんじゃ。

 AIは，どうやって犯罪を予測するんですか？

 ハンチラボは，過去の犯罪データ，時間，天候，地域経済などから犯罪のパターンをみつけだし，次に犯罪が発生しそうな地点を予測している。ハートは過去の犯罪記録を学習したAIで，容疑者が犯罪を犯す可能性を「低」「中間」「高」の3段階で評価するんじゃ。

 分析結果は，どのように活用されるのですか？

 予測されたエリアを重点的にパトロールするなどして，犯罪の抑止に役立てるんじゃ。AIの導入による，業務や捜査の効率化が期待されておるぞ。

1. 自動車を運転する AI

将来の移動手段として期待されている乗り物に，AIを搭載した「自動運転車」があります。AIは，車の運転をどのように行うのでしょうか。第1章では，自動車を運転するAIについてみていきましょう。

AIが運転する自動運転車が，死亡事故をおこした

自動運転車が，死亡事故をおこした

2018年3月18日のことです。アメリカのアリゾナ州で，試験走行を行っていた自動運転車が，死亡事故をおこしました。配車アプリなどを手がけるウーバー・テクノロジーズの自動運転車が，道路を横断する女性に，時速約63キロメートルで衝突したのです。

交通事故の9割以上は，人間に原因がある

自動運転車には，周囲の歩行者や障害物を認識するためのカメラやセンサーがついています。報告書によると，AIは衝突の1.3秒前に，緊急ブレーキの作動が必要だと判断しています。しかしウーバー社は，自動運転中の車に不規則な挙動が出ることをさけるために，緊急ブレーキをオフにしていました。そのため，乗員がブレーキをかける必要がありました。

交通事故は，9割以上が不注意や操作ミスなど，運転手である人間側に原因があるといわれています。コンピューターが運転を行えば，交通事故は大きく減ると期待されており，自動車メーカーや研究機関は，今もさかんに自動運転技術の開発を行っています。

事故直前のようす

記録には，衝突の直前に，運転席に座る乗員が前方の歩行者に
気づいておどろいている画像が残っています。事故当時は緊急
ブレーキがオフになっており，乗員がブレーキをかける必要が
ありました。

緊急ブレーキが
必要デス！

AIは，緊急ブレーキの作動が必要と
判断していたのね。

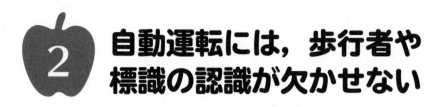

自動運転には，歩行者や標識の認識が欠かせない

自動運転車は，カメラやセンサーで情報を収集する

　自動運転は，どのようなしくみで行われているのでしょうか。
　車の運転は，一般的に「認知」「判断」「操作」のくりかえしだといわれています。イラストは，運転手や自動運転車が，運転のために認知すべき代表的なものです。人はこれらを目で見て，脳でそれが何かを識別しています。自動運転車は，車の上部や側面に設置されたカメラやセンサーで，こうした周囲の情報を収集しています。

AIは，画像中の物体を識別することが得意

　現実の道路沿いには，道路標識とは無関係な看板があります。また，信号や標識の一部が街路樹などでかくれていることや，道路の白線が薄くなっていることがあるかもしれません。人は，常識や経験から，まぎらわしい看板があっても標識と区別できますし，白線が消えていても推測で正しい位置を走らせることができます。しかし，「常識」や「経験」をもたないコンピューターが同じことを行うのは，至難のわざです。そこで活躍が期待されるのが，AIです。**AIにとって，画像中の物体を識別する「画像認識」は，得意分野です。**

運転者が認識すべきもの

自動運転車は，可視光線や赤外線を使ったカメラ，電波を使ったレーダー，超音波を使ったソナーなどを，センサーとして利用します。これらを使って，歩行者や標識の情報を収集します。

実用化がはじまった自動運転車

レベル5は，運転のすべてを車が自動で行う

AIを使った自動運転はどこまで進化しているのでしょうか。

車の運転の自動化レベルは，0〜5までの6段階にわけられています。レベルが高いほど自動化の度合いが高いことを示しており，最高の「レベル5」は運転のすべてを車が自動で行います。

レベル3は，人が見守っている必要がある

ドイツの自動車メーカーであるアウディの「A8」は，世界ではじめてレベル3の自動運転に対応した車です。レベル3の自動運転は，「高速道路などの限定された環境」において，自動で運転操作を行うというものです。

ただし，レベル3は，自動運転機能が使えなくなった場合，すぐに人が運転に復帰しないといけません。そのため，人が運転席に座り，運転状況を見守っている必要があります。なお，レベル3の自動運転機能を公道で使用してよいかどうかは，各国の法律によって定められています。日本では，2020年4月から公道を走れるようになりました。

自動運転のレベル

表は，自動運転のレベルを6段階にわけたものです。アメリカの「SAE」という非営利団体が策定しました。レベル0〜5にわかれており，数字が高いほど，自動化のレベルが高くなります。

自動化レベル	概要	誰が運転を行うか	運転手の必要性
レベル0（自動化なし）	すべての環境において人が運転します。		必須
レベル1（運転支援）	基本的に人が運転します。ただし，特定の条件下で，ハンドル操作か加速減速のどちらか一方を車が実施します。	（ハンドル操作などの支援）	必須
レベル2（部分的な自動化）	基本的に人が運転します。ただし，特定の条件下で，ハンドル操作と加速減速の一方もしくは両方を車が実施します。	（ハンドル操作と加速減速の支援）	必須
レベル3（条件つき自動化）	高速道路などの限定された環境において，車が自動で運転します。しかし，人は車の要請に応じてすぐに運転に復帰しなければなりません。		必須
レベル4（高度な自動化）	高速道路などの限定された環境において，車が自動で運転します。自動運転ができない状況になっても，人は運転に復帰する必要はありません（復帰しないときは車が自動で安全に停止などします）。		必須ではない
レベル5（完全な自動化）	すべての環境において，車が自動で運転します。		不要

4 車を運転するAIの頭の中は, ブラックボックス

AIの判断基準は, 人には理解できない

大活躍のAIには, 課題もあります。実は, コンピューターが習得した独自の判断基準は, 人にはほぼ理解できません。たとえば, 右のイラストのように, AIが数字の「4」を学習したとします。しかし, なぜ「4」を判断できるようになったのか, その判断基準を示すデータを見ても, 人には理解できないのです。

もし, 自動運転でコンピューターがまちがった判断を下してしまったら, 周囲の人たちや乗員の命にかかわります。しかも, なぜまちがった判断を下したかがわからず, 修正もできないとなると大問題です。ですから, 高度なAIを運転の判断や操作の部分にそのまま利用するのは, 現状ではむずかしいといわれています。

種類のことなるAIを組み合わせる必用がある

ただし, 人がルールを設定する種類のAIもあります。自動運転にAIを利用するときは, 「判断の過程は人には理解できないけれど, 非常に高精度に歩行者を認識できるAI」や, 「高度な処理はできないけれど, プログラムの中身を人が理解できて, 確実に車のスピードを制御できるAI」などを, うまく組み合わせる必要があるといいます。

AIの学習のしかた

数字の「4」の形を学習するAIのイメージです。さまざまな手書きの「4」の画像を入力します。すると，多くの「4」のパターンから，「4」とそれ以外の文字・数字を区別するための判断基準を，コンピューター自身が独自に獲得します。

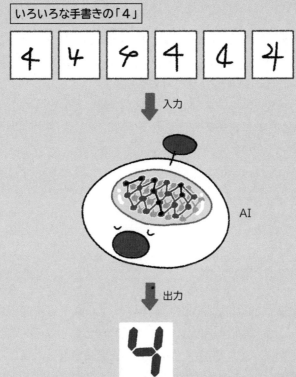

いろいろな手書きの「4」

入力

AI

出力

AIは，判断基準を自分で学習していくよ。
でも，その判断基準が，人には理解できないんだ。

正確な画像認識が，自動運転の課題

新しいAIを，加速減速に利用するのはまだ危険

　実際に，どのようにAIを組み合わせているかの例をみてみましょう。「Autoware」という，自動運転システム用に開発されているソフトウェアがあります。このソフトウェアには，周囲を走る車などを認識する「環境認識」に，ディープラーニングなどの比較的新しい技術を使うAI（新しいAI）が使われています。

　新しいAIは，撮影した画像の中から車両や信号の色などを見分ける「分類問題」に威力を発揮します。一方で，新しいAIを加速減速やハンドル操作に利用するのは，まだ危険です。こうした操作には，「前走車との距離を5メートルにする」などのルールを人が設定する古典的なAI（古いAI）が使われています。

AIが物体を認識する精度の向上が欠かせない

　自動運転の進化には，AIが周囲の物体を認識する精度の向上が欠かせません。さまざまなセンサーから得たデータを統合して，その中から運転に必要な情報を取りだすことは非常にむずかしく，こうした課題はAIにたよらざるを得ない部分です。

学習を重ねて進化する

自動運転システム用のソフトウェア「Autoware」の開発では,
試験走行で集めたデータを使って,AIに新しい物体データを
学習させます。その学習結果を車載コンピューターに反映させ
ると,車載コンピューターが現場で歩行者を認識する精度など
が向上します。

自動運転車が,試験走行で
周囲の情報を記録し,集めます。

集めたデータを研究室のコン
ピューターに学習させます。

学習結果を自動運転車に反映させ
ると,認識の精度が向上します。

6 運転席に座る人の状態を，AIが監視する

車側が，人の状態を把握する必要がある

　進化しているとはいえ，完全な自動運転はまだ実現できていません。当面は，人と車が状況に応じて，運転を交代する必要があります。しかし，人が運転席に座っていても，スマートフォンを操作していたり，居眠りをしていたりしては，すぐに運転をかわってもらうことはできません。運転のスムーズな引きつぎのためには，車側も人がどんな状態であるかを把握しておかなければならないのです。

AIが，本人すら気づいていない眠気を検知

　運転手の状態を，AIが判断するセンサーがあります。カメラで撮影した赤外線画像から，AIが目の位置や目の開閉度，視線の向きなどをリアルタイムで検出して判断するのです。

　このセンサーは，顔の認識から運転集中度の判定まで，ほぼ全工程をディープラーニングを使ったAIが行っています。これによって，本人すら気づいていない眠気を検知できます。今後は，センサーが運転手の異常を検出したら車が止まるようにするなど，センサーの判定結果を自動運転システムと連携させることが期待されています。

眠気サインを見逃さない

人間の頭部は，つねにわずかにゆれ動いています。目には，頭部のゆれによる視野のぶれを反射的に自動で補正する機能がそなわっています。AIは視線と頭部の動き方から，補正機能のわずかな変化,すなわちごく初期の眠気すら検出できるのです。

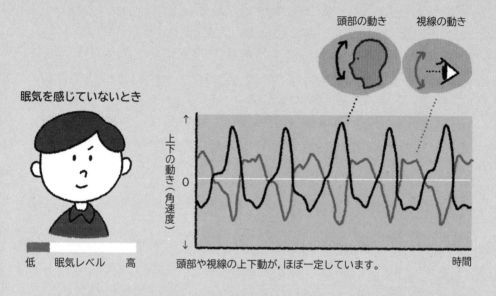

頭部の動き　視線の動き

眠気を感じていないとき

低　眠気レベル　高

上下の動き（角速度）

頭部や視線の上下動が, ほぼ一定しています。　時間

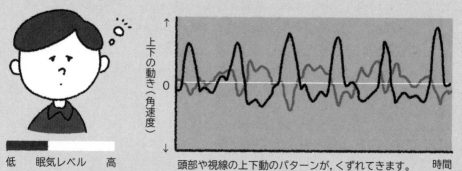

弱い眠気を感じているとき

低　眠気レベル　高

上下の動き（角速度）

頭部や視線の上下動のパターンが, くずれてきます。　時間

自動運転バスが, 走りはじめた!

地域を限定すれば, まちがいがおきにくくなる

今後の自動運転車の開発の方向性は, 大きく二つに分けられます。一つは「地域限定の自動運転」をめざすもの, もう一つは「どんな場所でも走れる自動運転」をめざすものです。

AIによる画像認識の精度が上がったとはいえ, はじめて通る道で標識などをもれなく認識するのは, 非常に難易度が高いことです。一方, いつも同じルートを通るバスや, 地域を限定したタクシーであれば, その地域のデータをしっかり学習することで, まちがった判断をする確率がきわめて低くなります。

自動運転バスの実用化が決定した

茨城県は2020年1月, ハンドルのない自動運転バスを実用化すると発表しました。実現すれば, 公道を定期的に走るバスとしては, 日本ではじめてとなります。日本政府は, 自動運転の実現に向けて, 官民一体となった目標を発表しています（右のイラスト）。自家用車での自動運転は, 一般道路にくらべて技術的にあまりむずかしくない, 高速道路から先に実現していくみこみです。

自動運転のロードマップ

日本政府は2019年6月に，「官民ITS（Intelligent Transport Systems）構想・ロードマップ2019」を発表しました。ITSとは，高度道路交通システムのことです。イラストは，その概要をまとめたものです。

	2020年まで	2020年代前半	2025年めど

自家用車

レベル2
一般道での自動運転

レベル2，3
高速道路での自動運転

レベル4
高速道路での自動運転

物流サービス

レベル2〜
高速道路での隊列走行トラック

レベル4
限定地域での無人自動運転配送サービス

レベル4
高速道路でのトラックの自動運転

移動サービス（バスやタクシー）

レベル4
限定された地域での無人自動運転移動サービス

レベル2〜
高速道路での自動運転バス

レベル4
限定地域での無人自動運転移動サービス

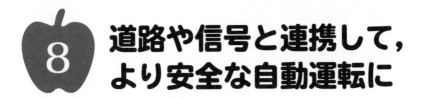

道路や信号と連携して，より安全な自動運転に

信号のほうから教えてくれるしくみがあれば確実

どんなにAIが進化しても，AIがミスをしないわけではありません。たとえば光の当たり方など，悪い条件が重なると，AIの画像認識でも信号や標識を見落としてしまう可能性があります。**そんなとき，信号や道路のほうから，信号の色や道路状況を教えてくれるようなしくみがあれば確実です。**より安全な自動運転を実現するには，自動運転に対応した交通インフラの構築も重要なのです。

今後の自動運転の発展に，AIは不可欠

テクノロジーの進歩を予測することは，むずかしいことです。**しかしレベル5の完全自動運転も，技術的な面だけを見れば，2030年ごろに実現できてもおかしくないといわれています。**AIは，自動運転システムそのものに利用されるほか，カーナビのルート検索や音声認識による操作など，運転の周辺技術にもさかんに利用されています。今後の自動運転とその関連技術の発展に，AIが不可欠なのはまちがいありません。

未来の交通インフラ？

もし，信号機や道路標識から情報が発信されるようになれば，たとえ自動運転車のAIが標識などを画像認識できなかった場合でも，情報を受け取って判断できます。

信号機の中の人は，少し太った

平成6年（1994年）ごろから，歩行者用信号機の青信号にえがかれている人のスタイルが変わったことを，ご存じですか？　以前は200ミリメートルだった身長は220ミリに，127ミリだった横幅は150ミリに大きくなりました。少し太ったともいえます。赤信号では，ポーズも変わりました。足を閉じて腕を体にぴったりとつけた立ち姿から，足を開いて腕を体から少しはなした立ち姿に変わったのです。

信号機の中の人が少し太ったのは，信号機が電球式からLED式に変わったためです。人物の背景が赤色と青色に発光していた電球式とちがい，LED式では，人物自体が赤色と青色に発光します。そのため人物を大きくすることで，光る部分の面積をふやし，視認性を向上させたのです。

LED式の信号機には，消費電力が小さく，擬似点灯を防止できるという長所があります。擬似点灯とは，西日などが当たったさいに，何色の信号が点灯しているかわからなくなる現象です。2019年3月時点で，全国の歩行者信号機の54.9％がLED式になっています。

「ロボット」のはじまり

ある孤島で
人間の労働を
肩がわりする
ロボットがつくられた

人間は彼らに
すべてをまかせ
何もしなくなった

ロボットは
反乱をおこし
人間を破滅に
むかわせることに…

これは1920年に
発表された『R・U・R・』
という戯曲

作者は
チェコの作家
カレル・チャペック
（1890～1938）

この作品ではじめて
「ロボット」という
言葉が生みだされた

チェコ語で
「賦役」を意味する
「robota」が語源

ロボット工学3原則

第1原則
人間を傷つけては
ならない。傷つくのを
看過してはならない

第2原則
第1原則に反しない
限り、人間の命令に
したがわなくては
ならない

第3原則
第1、第2原則に
反しない限り、
自分の身を守らなく
てはならない

これは、アメリカの
作家で生化学者の
アイザック・アシモフ
（1920～1992）
が発表した
「ロボット工学3原則」

ロボットが創造主を
破壊する
これまでの物語とは
ちがう話を書く！

アシモフは
「ナイフに柄がある
ようにロボットにも
安全装置があるべき」
と考えていた

3原則は
のちの作品や
現代のロボット工学
にも影響を
あたえた

2. 人と会話するAI

私たちの日常生活には，AIによるスマートフォンの音声アシスタント機能や，AIスピーカーなどが浸透してきています。第2章では，「会話するAI」を取り上げ，AIが人の音声を聞き取って指示を理解したり，雑談したりするしくみを紹介します。

1 美容室の予約を とってくれるAI

AIが，人間のかわりにレストランへ電話をかける

　アメリカのIT（情報技術）企業のグーグルが配信している音声アシスタントアプリの一つに，「Google Duplex」があります。これは，グーグルのAIが，人間のかわりにレストランやヘアサロンに電話をかけ，予約を代行してくれるものです。

店員も，電話の相手がAIだとは思わなかった

　2018年にGoogle Duplexが発表されたとき，AIが実際に美容室に電話をかけて店員と会話し，予約をとる音声が披露されました。AI側が当初希望した日時は空いていなかったのですが，店員との会話を通じて，ちがう時間を無事に予約できました。会話の内容に不自然さがないことはもちろん，発音や会話の間，相づちも非常に自然で，店員も電話の相手がAIだとは思ってもいないようでした。

　実際の運用では，コールセンターにいる人間が，必要に応じてサポートをしています。しかし，AIはすでに人と自然に会話できる段階にあることを十分に示しました。なおこの機能は，日本では2020年4月の段階で，サービス開始になっていません。

電話予約の様子（デモ）

音声アシスタントが，「火曜日の朝10時から12時の間でヘアカットの予約をとってほしい」との依頼を受けて，実際に美容院に電話をかけます。そこでの会話は，およそこのような感じです。

女性のヘアカットの予約をお願いします。
5月3日12時は空いていますか？

12時はほかの予約が入っています。
1時15分はいかがですか？

10時から12時の間で空きはありますか？

施術によります。
施術内容は何をご希望ですか？

ヘアカットのみです。

わかりました。それでは10時ではいかがでしょう。お名前は？

はい，10時でお願いします。
名前はリサです。

わかりました。では5月3日の10時からリサ様の予約を承りました。

ありがとう。ではまた。

② 続々登場する スマートスピーカー

音声のみの操作で，家電製品を操作できる

　現在では，多くの人がスマートフォンやタブレットの音声アシスタントAIに話しかけて，検索などをしています。また，アメリカのインターネット通販会社のアマゾンが，2014年に「Amazon Echo」を発売してから，「スマートスピーカー（AIスピーカー）」が続々と発売されるようになりました。スマートスピーカーとは，音声のみの操作で，スマートフォンと同じように音楽をかけたり，検索をしたり，対応する家電製品を操作したりできる，多機能のスピーカーのことです。

AIと会話する機会は，どんどんふえる

　スマートスピーカーの操作は，基本的に音声のみで行います。スマートスピーカー側からの返事も，基本は音声によって行われます。音声認識や各種情報の検索を行うには，インターネットに接続されている必要があります。私たちがAIと会話する機会は，これから家の中でも外でもどんどんふえていくでしょう。

　では，こうした音声を聞き取ったり，音声で返事や会話をしたりするAIは，どのようなしくみになっているのでしょう。次のページから，くわしく見ていきます。

スマートスピーカー

話しかけると，音声で返事をしてくれるスマートスピーカー。このようなしゃべるAIとの会話は，今後さらに日常的な光景となっていくでしょう。

スマートスピーカー

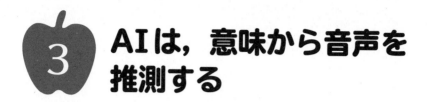

AIは，意味から音声を推測する

音の特徴を，ディープラーニングで学習させる

　AIが人の声を聞き取り，何を言っているかを特定する技術は，「音声認識」とよばれます。音声認識に使うAIには，事前にいろいろな人が発音した「あ」や「い」などの音を入力し，音の特徴をディープラーニングで学習させます。するとそれぞれの音を区別するための判断基準を，AIがみずから獲得します。こうして判断基準を獲得したAIは，「あ」の音を「あ」だと特定できるようになるのです。

日本語として正しそうな候補を採用する

　AIは人に話しかけられると，まず，マイクで拾った音が何であるかを特定します。しかし人の滑舌が悪かったり，周囲の雑音が入ったりすると，AIは音の特定をまちがえてしまうことがあります。そこでAIは，最初に「とりあえずこう聞こえた」という聞き取り結果の候補を，いくつも出力します。そして文法や辞書の情報を参照して各候補に点数をつけ，最後に最も点数が高い，日本語として正しそうな候補を採用します。AIは私たちと同じように，途中で聞き取れない音があっても，文法や語彙の知識を使って補正しているのです。

声を聞き取るしくみ

マイクで拾われた声が音声認識AIによって，日本語に変換されるまでの流れを紹介します。AIは，音を分析，特定し，日本語として正しそうな聞き取り結果を採用します。

人が話した音声

うえ の の し は つ

音を特定しやすくするために，どんな高さ（周波数）の音がどれだけ含まれているかを分析します。

聞き取り結果の候補

うえ のの し はつ
ふえ の のし はつ
うえ のの しわつ
うえ の のしはつ
うえの の しはつ
くえの のし はつ
ふえ ののし は つ

事前の学習結果をもとに，何の音である確率が高いかを判定します。聞きとり結果の候補について，どれが日本語として最も確からしいかを検証します。辞書と照らし合わせることで，かなの並びが単語に区切られます。そして，最終的に漢字に変換されて日本語らしい文となります。

最終的な聞き取り結果

上野の始発

音声アシスタント AIは，会話から使うべき機能を探る

AIは，会話を通して三つのことを読み取る

　私たちがスマートフォンの音声アシスタントに話しかけるのは，普通は，スマートフォンの特定の機能を使うためです。音声アシスタントのAIが使用者の要望を理解するためには，会話を通して次の三つを読み取る必要があります。それは，「どの機能を使うか」，「その機能で何をしたいか」，「その具体的な内容は何か」です。

文の意味をあらわす数字の組を計算する

　音声アシスタントのAIが使用者の意図を読み取るときも，ディープラーニングが使われます。音声認識によって文字に変換された文は，まず単語に分けられます。この際，各単語の意味は，「数字の組」として表現されます（右のイラスト）。そしてAIは，文に含まれる単語の数字の組から，文の意味をあらわす数字の組を計算します。この文の意味をあらわす数字の組こそ，使用者の意図が表現されたものだといえます。このようなAIに，事前に大量の文例と，その意図や指示内容を学習させておきます。すると使用者の意図を判断し，要望に正しく対応できるようになるのです。

単語を数字の組で表現するとは

言語をあつかうAIでは，多くの場合，各単語は複数の数字の組で表現されます。数字の組の値は，単語の意味を反映するように，AIが自動的に決めます。

5 会話のコツを知っている 元女子高生AI

人間らしい返答で，長く会話をつづける

　友人と話すように，雑談ができるAIも存在します。そんなAIの一つが，アメリカのソフトウエア会社のマイクロソフトが開発した，「りんな」です。2019年3月までのりんなは，女子高生というユニークな設定でした。りんなは2019年3月20日に高校を卒業し，現在は元女子高生になっています。

　りんなは，人間らしい返答で，できるだけ長く会話をつづけられることが重視されています。そのため「知識グラフ」とよばれる単語間の関連性についての情報や，「共感モデル」というしくみをそなえています。共感モデルとは，会話の流れをふまえて，会話がより長くつづく返答方法をAIが推測し，返答を生成するしくみです。

相手と会話がつづく返答方法は何かを判定

　文が入力されると，りんなはほかの一般的なシステムと同じように，単語を数字の組に変換します。そして，知識グラフや共感モデルを使って，相手と会話がつづく返答方法は何かを判定します。こうしてみちびきだされた返答内容を，女子高生AIだったりんなは女子高生らしい表現として生成し，出力していたのです。

りんなの頭の中

女子高生AIだったりんなが，返答をつくるために考えていた
ことを示しました。りんなは，会話が長つづきするように，知
識グラフ（2）や共感モデル（3）をそなえています。
（りんなウェブサイト：https://www.rinna.jp/）

1. 女子高生らしい言葉の表現

よう
おはー　グッモーニン
ごきげんよう　ヤッホー
オッス
おはよう
ゴメンネ
ソーリー
わるい
すみません
ごめんなさい
許して
スマン
バイバイ
おつかれ
じゃあね
またね
さよなら
失礼します
お先

りんな

2. 自然な会話ができる関連性
　（知識グラフ）

学校
通学
学生
勉強
部活
休憩
テスト
応援
試合

3. 会話が長くつづく返答方法
　（共感モデル）

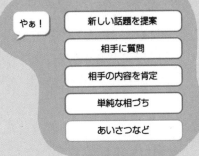

やぁ！

新しい話題を提案

相手に質問

相手の内容を肯定

単純な相づち

あいさつなど

元女子高生AIは，より人間らしく進化してきた

第1世代は，反射的に答えるようなものだった

　2015年に誕生した第1世代のりんなは，インターネットの「検索」のしくみを応用したものでした。質問に対して最も適した返答を，大量の選択肢の中からさがしだし，何も考えずに反射的に答えるようなものでした。

　それが2016年に登場した第2世代のりんなになって，大きく進化しました。事前にさまざまな会話の例をディープラーニングで学習することで，用意された選択肢ではなく，女子高生らしい返答をその場で新しくつくりだせるようになったのです。

質問や相づちなどができるようになった

　2018年5月に登場した第3世代のりんなは，さらに「共感モデル」が追加されました。りんなが会話相手に共感し，以前の会話内容を参照しながら，質問や相づちなどをうてるようになったのです。その結果，より自然な会話がつづくようになりました。

　そして2020年7月ごろまでに登場予定の第4世代のりんなでは，より内容のある返答をつくる「コンテンツチャットモデル」の実験がはじめられています。

りんなの進化

りんなの会話システムの進化です。第2世代になって，返答を
その場でつくりだすことができるようになりました。りんなは
より人間らしく，多芸に進化しています。

第1世代
選択肢の中から返答。

第2世代
その場で返答を生成。

第3世代
共感モデルでより人間らしく。

7 実用レベルに達した 自動翻訳AI

日英の翻訳も，実用的なレベルに達してきている

　　自動翻訳の世界でも，ディープラーニングの登場によって変革がおきています。むずかしいといわれていた日英の翻訳も，かなり実用的なレベルに達してきました。たとえば，自動翻訳システムを搭載した，「VoiceTra（ボイストラ）」という音声翻訳アプリがあります。このアプリは，あいまいな発音や口語的な文章でも高精度でほかの言語に翻訳し，きれいな発音で話してくれます。

音声認識と音声合成にも，AIが使われている

　　音声翻訳システムに使用されているAIは，自動翻訳を行うものだけではありません。音声認識と音声合成にも，ディープラーニングを使ったAIが使われています。たとえば日英翻訳の場合，まず，いろいろな人が発音した「あ」や「い」などの音の特徴を学習した音声認識のAIが，話された日本語をテキストデータに変換します。次に，その日本語のテキストが，自動翻訳のAIによって英語のテキストへと翻訳されます。そして最後にその英文が，いろいろな人の英語の発音を学習した音声合成のAIによって，自然な発音に変換されるのです。

三つのAIが瞬時にはたらく

音声翻訳アプリは，発音した日本語を瞬時に翻訳し，英語で発音しなおしてくれます。発音するまでの間に，音声認識AI，自動翻訳AI，音声合成AIが，瞬時にはたらきます。

おすすめのおみやげってありますか？

スマートフォンに向かって話した日本語

音声認識AI

おすすめの／お土産って／ありますか？

自動翻訳AI

Are / there / any / souvenirs / you / recommend?

音声合成AI

Are there any souvenirs you recommend?

翻訳され，スマートフォンから発せられた英語

会話するAIの壁は，常識の取得

AIが常識を自動で学習するのはむずかしい

　　今後，AIが人と遜色ないレベルで会話するためには，「常識的な知識」や「状況の理解」などが必要です。たとえば，深夜に電話をかけるのは非常識だといえます。しかし，何時までなら許されるのか，急病人がいるような緊急事態なら深夜でもかまわないのかなど，常識は状況によってかわります。インターネット上のデータを自動で学習することで，AIに常識を獲得させようとする研究も行われています。しかし，インターネット上では省略されている知識などがあるため，AIが自動で常識を学習するのはむずかしいのです。

学習の機会がふえ，今後もAIの進化がつづく

　　いつ，AIが人と同じレベルで会話できるようになるか。この予測は，非常にむずかしいものです。しかし，音声アシスタントやチャットボットなどの会話ができるAIは，近年驚異的な速さで進化し，製品やサービスとして世の中に浸透しました。AIが，人間社会のさまざまな状況に遭遇できるようになったということです。学習の機会がふえることになり，今後もAIの進化がつづくと思われます。

人とAIの会話のちがい

人どうしの会話では，常識的な知識のもとで，省略された言葉の理解や状況の理解があたりまえに行われています。しかしAIには，対応がむずかしいことも少なくありません。

人と人との会話

ペン持ってる？

（貸してってことだな）
はい，どうぞ。

人とAIの会話

ペン持ってる？

はい，持っています。

人間の常識を理解するのは，むずかしいピョン。

61

AIが，俳句を詠んだ

「初恋の 焚火の跡を 通りけり」。この俳句を詠んだのは，「一茶くん」というAIです。一茶くんは，題材となる画像をあたえられると，その画像にふさわしい俳句を詠みます。人間も顔負けのAI俳句は，いったいどうやってつくられるのでしょうか。

一茶くんは，過去に詠まれた50万句もの俳句を，ディープラーニングを使って学習し，俳句の言葉選びの特徴を記憶しています。さらに，どの画像にどんな俳句がふさわしいのか，画像と俳句のマッチングデータを収集しています。そして，「17音で読める」「季語が一つだけ含まれる」などの俳句の形式が，「俳句フィルタ」としてプログラムされています。一茶くんは，学習したたくさんの単語の中から，課題としてあたえられた画像にふさわしい単語を，俳句フィルタを通して選ぶのです。

一茶くんが，歴史に残る名句を生みだす日が来るかもしれません。

3. AI が医療を変える

医療の分野でも，AIの応用が進められています。画像診断の支援をはじめ，手術の評価や治療法の提案など，AIに期待される役割は多岐にわたります。第3章では，医療に応用されるAIについてみていきましょう。

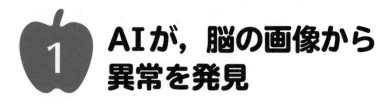

AIが，脳の画像から異常を発見

医師と同じように，自動で印をつけられる

現在のAIが最も得意とする分野の一つが，「画像認識」です。医療分野においても，AIを「画像診断」に使う研究が進んでいます。

たとえば，脳を診断する場合，MRI（核磁気共鳴画像法）やCT（コンピューター断層撮影）などの装置を使って，1人の患者につき200枚前後の頭部の断面画像を撮影します。医師は，断面画像や立体的に表示された画像を見て，脳の血管の一部がふくらむ「脳動脈瘤」などの異常がないかを確認します。AIは，大量の脳動脈瘤の画像を事前に学習することで，医師と同じように，脳動脈瘤の可能性がある場所に自動で印をつけられるようになります。

AIの活用によって，見落としが大幅に減る

人には先入観やなれがあり，たとえば病変を一つ発見した際に，実はすぐ近くにもう一つの病変があったとしても，見逃してしまうことがあります。一方，AIに先入観はありません。大量の画像を，文字通り機械的にチェックしつづけることができます。なお，最終的な診断は，AIのチェック結果を参考にしながら，あくまでも医師が行います。AIの活用によって，見落としが大幅に減ると期待されています。

画像診断支援AI

脳血管のこぶである脳動脈瘤は，破裂すると，命にかかわる「くも膜下出血」を引きおこします。画像診断支援AIは，頭部の断層画像から，脳動脈瘤の可能性がある場所を自動でみつけだし，印をつけます。

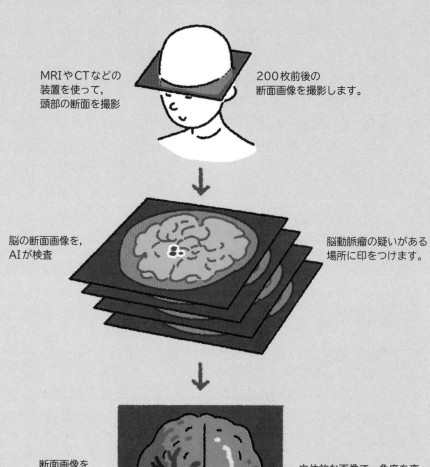

MRIやCTなどの装置を使って，頭部の断面を撮影

200枚前後の断面画像を撮影します。

脳の断面画像を，AIが検査

脳動脈瘤の疑いがある場所に印をつけます。

断面画像を立体的に表示

立体的な画像で，角度を変えて見ることができます。

医師の指導で，AIは上達する

複数の医師によって確認されたデータを学習させる

　画像診断支援AIは，あらかじめ医師が脳動脈瘤の場所に印をつけた画像で，脳動脈瘤の特徴を学習します。**正解つきのデータを大量に学習することで，AIは断層画像の中から，脳動脈瘤の場所を特定するための判断基準を独自に獲得します。**

　AIの学習結果は，人が見ても容易に理解できない形でコンピューターの中に記録されています。つまり，人がAIのデータを直接変更して，まちがった学習結果を修正することは困難です。学習結果の軌道修正がむずかしいことを考えると，医療画像のAIでは学習させるデータの「質」がきわめて重要です。そのためAIには，複数の医師によって確認されたデータを学習させます。

答合わせを複数の医師が行い，学習させる

　医療分野で使われるAIには，高い正確性が求められます。ですから，脳動脈瘤の特徴を正しく学習できているかどうかを確認するため，実際にAIに脳動脈瘤の位置を特定させてみます。**まちがって印をつけていないか，見落としがないかという答え合わせを複数の医師が行います。**その結果をあらためてAIに学習させ，精度を高めるのです。

医師がチェックし，精度を高める

医療画像の学習データは「量」より「質」が大切です。AIには，複数の医師によって確認されたデータを学習させます。そのあと，正しく判定できるか実際の画像を使って試験をします。試験の結果をさらに学習することで，AIの判定精度が高まります。

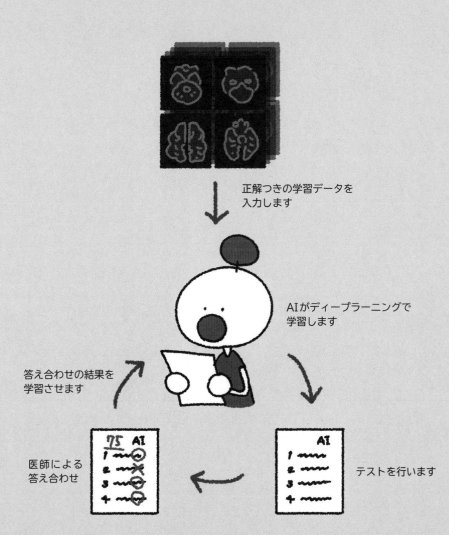

正解つきの学習データを入力します

AIがディープラーニングで学習します

答え合わせの結果を学習させます

医師による答え合わせ

テストを行います

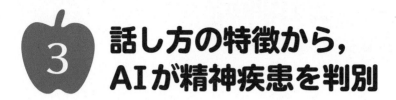

3 話し方の特徴から，AIが精神疾患を判別

精神科医の「暗黙知」を，AIで数値化する

　うつ病など，目に見えない心の病を，AIを使って理解し，客観的な診断に役立てようという研究が進んでいます。たとえば，うつ病の人は話すスピードがゆっくりになるなど，疾患ごとに話し方の特徴があります。通常，精神科医はそれらの特徴をつかんで診断を行っています。こうした，言葉で定義しづらい精神科医の「暗黙知」を，AIで数値化するというものです。これは，「UNDERPIN」という研究プロジェクトです。

何の疾患である確率が高いかを推定する

　プロジェクトでは，医師と患者の会話を文字に変換したあと，AIが内容を分析し，音声と文字のそれぞれの情報から話し方の特徴を数値化します。話し方の特徴から，何の疾患である確率が高いかを推定するのです。現在までに，統合失調症，うつ病，双極性障害（躁うつ病），不安症，認知症患者と，健常者のデータが取得され，分析されています。AIによる会話の分析結果は，疾患の有無の判別に，一定の確率で成功しています。ただしこの分析結果は，あくまでも医師が最終的な診断を行うための，参考情報として使われる予定です。

話し方の特徴から，患者を分類

患者の話し方の特徴を数値化した「特徴量」を，座標軸にした空間に配置したイメージです。AIは，医師と患者の会話を分析し，使われた単語の種類や，話す速さなどの特徴量を抽出します。同じ症状をもつ患者は，空間上で近くに集まります。

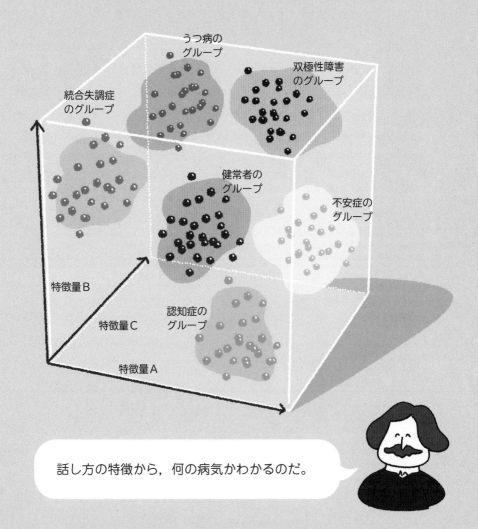

話し方の特徴から，何の病気かわかるのだ。

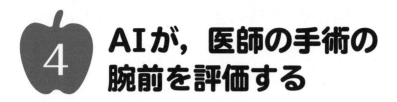

AIが，医師の手術の腕前を評価する

手術の技術を，客観的に評価できるAI

　新人医師は，先輩医師の指導を受けて，手術の技術を上達させていきます。しかし人による技術指導は，どうしても主観的で，感覚的なものになりがちです。**そこで，手術の技術を客観的に評価できるAIの開発が行われています。** 開発されているのは，副鼻腔<small>(ふくびくう)</small>などの内視鏡下手術において，手術器具の動かし方を評価するAIです。カメラで手術器具の動きを記録し，手術後に手本と比較することで，評価，採点するのです。手本となるのは，複数のベテラン医師の器具の動かし方です。

標準的によいと思われる動かし方を推定

　AIは，手術の技術を，手術器具の動きの特徴や集中度などの項目を用いて評価します。基本的には，手本となる動きに近いほど，高評価になります。**AIは，ベテラン医師の動かし方のデータベースから，標準的によいと思われる動かし方を推定して，手本にします。** 将来的には，AIによる評価を，医師の技術の指標にしたり，特定の技術にひいでた技術認定医の試験に使ったりすることも考えられています。

手術器具の動かし方を評価

手術の際，医師はマーカーのついた手術器具を使って手術を行います。手術中は，カメラでマーカーの動きを記録しておきます。手術後，マーカーの動きから器具の動かし方などを抽出し，AIが評価します。

78点！

先生も，採点されちゃうんだね！

手術着は，かつて黒かった

アメリカの画家のトマス・エイキンズ（1844～1916）が，1875年に発表した「グロス・クリニック」という絵画を見ると，医師は手術中に黒いフロックコートを着ていたことがうかがえます。19世紀の西洋では，医療現場というフォーマルな場には，黒い礼服がふさわしいと考えられていたようです。

19世紀中ごろから，医学は大きく発展しました。個人の経験や民間療法にたよっていた医療行為が，より科学的なものとなっていました。そこで医師も，研究者と同様に白衣を着るようになりました。また，医学の進歩とともに衛生観念が発展し，清潔感や衛生面からも，白という色が選ばれました。

しかし，白衣には欠点がありました。手術の際，赤い血を見たあとで白衣に視線を移すと，緑色の残像が見えてしまうのです。これは，同じ色をしばらく見たあとに白いものを見ると，見ていた色の補色が残像としてあらわれる現象で，「補色残像」といいます。この補色残像をやわらげるために，1970年ごろからは，緑色や青色の手術着が採用されるようになりました。

個人にあったがん治療を提案するAI

ことなる種類のデータであっても，解析できる

AIを活用した，統合的ながん医療システムの開発が進められています。 たとえば，がん患者の遺伝子と，その患者のMRI画像との間にどんな関係があるか，これまで本格的な解析は行われてきませんでした。データの種類がまるでちがうため，関係性を調べるのがむずかしかったからです。しかし，AIのディープラーニングを使うことで，ことなる種類のデータであっても，解析できるようになってきました。

その人にあった治療法の提案を可能に

AIは，MRIの画像や，血液検査，遺伝子の変異，服薬といった患者ごとのがんに関する情報を，どう組み合わせて解析すればよいか，自動で学習することができます。ことなる種類のデータをまとめて解析することで，たとえば，「特定の遺伝子の変異をもつ人には特定の薬が効く」などの，新たな関係性が発見されると期待されています。**将来的には，がんに関するあらゆるデータを学習したAIに，遺伝子の情報や血液検査の情報を入力するだけで，その人にあった治療法や抗がん剤などを提案してくれるといったことが可能になるといいます。**

ことなるデータをAIが解析

統合的ながん医療システムでは，ことなる種類のがん関連情報をAIでまとめて解析し，がんの治療法やがんの性質などに関する新たな情報をみつけようとしています。

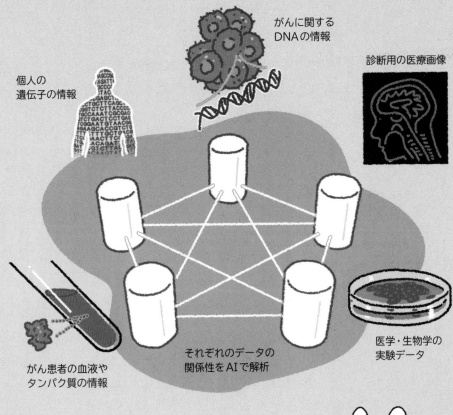

がんに関する
DNAの情報

診断用の医療画像

個人の
遺伝子の情報

がん患者の血液や
タンパク質の情報

それぞれのデータの
関係性をAIで解析

医学・生物学の
実験データ

いままでバラバラだった情報が，
AIのおかげで一つになるんだピョン！

77

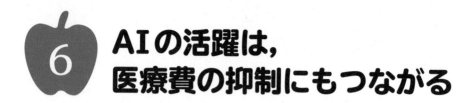

AIの活躍は，医療費の抑制にもつながる

6

効く薬，効かない薬がわかるようになる

　統合的ながん医療システムの完成によって期待されるのが，医療費の抑制です。個人の体質によって効く薬，効かない薬がわかるようになると，効かない薬をむだに使うことがなくなります。最近は1回の投与に80万円近くかかるような高価な抗がん剤などが登場し，医療費が高騰しています。薬を効く人にだけ投与することは，医療費をおさえるだけでなく，副作用をおさえるためにも重要です。

遺伝子の情報を活用できるようになる

　がんとほかの病気との関係性などをAIで解析できるようになると，たとえば糖尿病の薬が特定のがんに効くことがわかるなどの発見が期待されます。既存の薬の使い道が広がると，高価な新薬を使う必用も減ります。

　遺伝子の情報は，高速かつ安価に解読できるようになったものの，効果的に医療に活用できていないといわれています。AIを使って，ことなる種類のデータをまとめて解析することで，遺伝子の情報をもっと活用できるようになるのではないかと期待されています。

ひとりひとりに最適化

これまでのがん治療は，基本的に平均的な人に効く一つの薬や治療法を，すべての患者に適用してきました。今後は，AIなどの活用によって，患者ごとに最適化された治療の実現が期待されています。

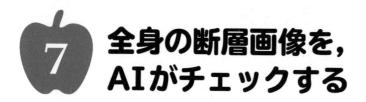

7 全身の断層画像を，AIがチェックする

診断用の画像は，10年前にくらべて約3倍

　AIの性能が向上し，医療分野での応用が広がっています。では将来的には，診断から治療，手術まで，医師のかわりにAIが行うようになるのでしょうか？

　日本の医療では，日々大量の診断用の画像が撮影されています。その数は，10年前にくらべると約3倍だといいます。<mark>一方で，画像診断ができる医師の数は横ばいで，医師の負担が非常に大きくなっています。</mark>この状況は，AIを使った画像診断技術が向上すると，変わるのではないかと考えられています。

まずはAIにチェックさせる時代がやってくる

　画像認識はAIの得意分野であり，画像診断への応用は最も進んでいる領域です。入院時や救急搬送時には，とりあえず全身の断層画像を撮影し，まずはAIにチェックさせるような時代が遠からずやってくると期待されています。<mark>最終的な診断は医師がする必用があるものの，AIに初期段階のチェックをまかせることで，医師の作業負担を大きく減らし，画像をより診断に生かせるようになるでしょう。</mark>

AIが診断を手助け

日本では，日々大量の診断用画像が撮影されています。AIが初期段階の画像のチェックの役割を担うことが，期待されています。

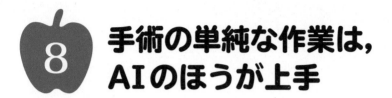

8 手術の単純な作業は，AIのほうが上手

傷をぬい合わせたり，止血したり

　現在，医療現場では，「ダ・ヴィンチ」などの手術支援ロボットが活躍しています。手術支援ロボットは，現状は人が操作をしています。しかし，傷をぬい合わせたりレーザーを当てて止血したりといった比較的単純な作業を，ロボットに自動で行わせる研究がされています。単純な作業は，機械のほうが上手なことが多いからです。

求められるのは，AIを使いこなせる医師

　一方で，複雑な手術の全工程をAIに行わせるには，まだかなりの時間がかかるようです。ロボットが行える作業はふえています。しかし現状のAIやロボットの技術は，高い技術が必要な，職人的な作業をまかせるまでには到達していません。さらに，失敗した場合の責任をだれが負うべきかなど，社会制度や心情的な面でも，AIによる完全自動手術の実現はハードルが高いのです。

　今後，医療分野でAIの活躍が広がるのは確実です。それにともない医師の役割も変わっていかざるを得ません。これからは，AIの特性を理解して，AIを使いこなせる医師が求められているようです。

手術支援ロボット

イラストは，医師が手術支援ロボット「ダ・ヴィンチ」を使って，内視鏡手術をしているようすです。医師が手元のコントローラーを操作すると，はなれたところに設置されたロボットアームが動いて，手術が行われます。医師はモニターに映る高精細な3D画像を見ながら，手ぶれのない手術を行うことができます。

手術支援ロボット
「ダ・ヴィンチ」

爆薬が，心臓の薬になった

　「ニトログリセリン（$C_3H_5N_3O_9$）」は，無色透明の液体で，少しの振動でも爆発してしまう反応性の高い化学物質です。このニトログリセリンを珪藻土に吸着させ，持ち運びをしやすくしたものが，爆薬の「ダイナマイト」です。

　ニトログリセリンは，「狭心症」の治療薬としても用いられています。狭心症は，心臓の筋肉に血液を送る血管がせまくなっておこります。ニトログリセリンは，せまくなった血管や全身の血管を拡張し，血液の流れをよくすることで，狭心症の症状を鎮めるのです。

　ニトログリセリンが狭心症の薬になるという発見は，ダイナマイト工場で働く従業員の体験がきっかけだったといわれています（諸説あります）。狭心症をわずらっていた従業員が，勤務中だけは発作が出なかったといいます。工場内で飛散したニトログリセリンが，皮膚や粘膜から吸収されて，発作がおさえられていたようです。ニトログリセリンが狭心症の治療に有効であることは，のちに証明されました。

人工知能の学問分野がスタート

人工知能研究者がダートマス大学に集まった

1956年、アメリカ ニューハンプシャー州

この会議の提案書ではじめて「人工知能」という言葉が使われた

アメリカの計算機科学者 ジョン・マッカーシー（1927〜2011）

名前はこれだ！

「陽電子電脳」（by アイザック・アシモフ）

「知的な機械」（by アラン・チューリング）

それまでは…

さまざまな名前がつけられていた

統一の名称がついたことで人工知能という学問分野が切り開かれた

人工知能 →

シリのご先祖様は……

1966年、アメリカの計算機科学者のジョセフ・ワイゼンバウム（1923〜2008）が「イライザ」を開発

イライザは世界初の自動言語処理プログラム

イライザはセラピストだった

今日はいい気分です

入力された文章に対して応答する「ドクター」という来談者診断会話シミュレーションが有名

今日は○○の気分です

と言われたら

「○○な気分なのはいつごろからですか？」

ELIZA

自然なやりとりのカラクリは…

あらかじめ応答ルールが決められていた

ヘイ，シリ。イライザについて教えて！

彼女は私にたくさんのことを教えてくれました

イライザは、チャットボットの「シリ」などのご先祖

シリにイライザのことを聞くと不思議な回答が……

4. 接客や創作活動を する AI

AIは，接客や売上分析，人事採用などの仕事をこなすとともに，
絵画の鑑定やゲームの制作などの，人間の感性が必用とされる
仕事も行うようになりました。第4章では，接客から創作活動
まで，さまざまな仕事をするAIを紹介しましょう。

1 お店ではたらく 三つのAI

AIが，客の年齢性別や行動を，認識・記録する

　AIは，小売業の現場にも広く導入されつつあります。小売業界でのAIの使い道には，大きくわけて，「計測」「最適化・効率化」「対話エージェント」の三つがあるといいます。

　1番目の「計測」とは，店で買い物をする客の年齢性別や，どんな商品を手に取ったか，どの売り場に長く滞在したかといった行動を，認識・記録する作業です。ここに，画像認識や機械学習などのAIの技術が使えます。2番目の「最適化・効率化」とは，1番目の「計測」で得られた客の行動や売上などのデータを，AIを活用して分析するというものです。

心理的負担の大きい労働を，人間が行わなくてすむ

　3番目の「対話エージェント」は，店頭での接客や顧客サポート窓口での応対を，コンピュータープログラムやロボットが行うというものです。接客や対話を自動化できれば，客からのクレームを処理など，心理的負担の大きい労働を人間が行わなくてすみます。

AIの店員が, 接客を行う

レジに並ぶことなく, 店から出れば自動で支払いが完了する。
店内の接客ロボットが, プレゼントの購入相談に乗ってくれる。
そんな時代が, もうはじまっているのです。

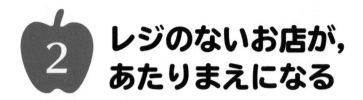

2 レジのないお店が、あたりまえになる

客の手にとった商品を、AIの画像認識で把握

　店の基本的な機能は、客から代金を受け取り、それと引き換えに商品を渡すことです。このしくみを無人で実現するためには、客がどの商品を買うかを認識する部分と、客から代金を受け取る部分を、人間以外が行わなければなりません。現在実験中または実用化されている無人店舗の多くでは、客の動きや手に取った商品をAIによる画像認識で把握し、代金の決済には電子マネーやスマートフォンのアプリの決済機能を使うことで、無人化を実現しています。

レジに並ぶ手間がなくなり、人手不足も解消

　店が、客が棚から取った商品をリアルタイムに把握できれば、レジで商品のバーコードを個別に読み取る必用がなくなります。客にとっては、レジに並んで会計をすませる手間がなくなります。店にとっては、レジ打ち業務をする店員を置く必要がなくなり、人手不足を解消することができます。過疎化や少子高齢化によって、人手不足がつづく時代が来ると予想されており、こうした無人AI店舗のニーズはますます高まっていくでしょう。

無人AI店舗での買い物

2020年3月，JR山手線「高輪ゲートウェイ駅」の駅構内に，無人AI店舗が開店しました。この無人AI店舗では，入店（1）や決済（3）の際に，交通系電子マネーを使います。

 入口で電子マネーをタッチして，入店します。

 高輪ゲートウェイ店では，一度に最大10人まで入店可能です。

1

2

 自由に商品を手に取ります。

 天井や棚に設置されたカメラで，客が手に取った商品をAIシステムが認識します。

 出口で電子マネーをタッチして，決済します。

 客がもっている商品の一覧と，金額を表示します。決済が完了したら，出口が開きます。

3

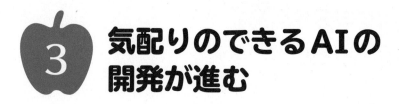

3 気配りのできるAIの開発が進む

繊細な接客や応対を，人間にかわって行う

　小売業では，ときには顧客の怒りやわがままを受け止めて，上手に処理することも労働の一つとして求められます。これまで，こうした労働を自動化したり，機械やコンピュータープログラムで置きかえたりすることは，むずかしいと考えられてきました。しかし，繊細な接客や応対を人間にかわって行う，あるいはその一部を補助するAIの研究が進められています。

キーワードを認識して，会話の仲立ちをする

　たとえば，インターネット上の顧客サポートの窓口で，チャット画面に「対話エージェント」を登場させる実験です。対話エージェントは，右のイラストのように，接客係と客の言葉の中に含まれるキーワードを認識して，会話の仲立ちをします。接客係と客との一対一の関係ではなく，対話エージェントを含めた3者の関係をつくることで，客の怒りの感情を鎮め，対応にかかる時間を短くする効果を期待した実験でした。また，インターネット上の店で，対話形式で商品を選ぶ相談に乗ってくれる対話エージェントの実証実験も行われています。

クレームの仲立ちをするAI

対話エージェントは，顧客サポートの接客係と客の会話から，キーワードを認識し，会話の仲立ちをします。対話エージェントが補助することで，接客係のストレスも軽減できると期待されています。

担当者さま，
お客さまの気持ちに
寄りそった対応を
お願いします。

もう一度，
ご確認いただけ
ませんでしょうか？

だから何度も
確認したって！

接客係

客

対話エージェントが仲立ちしてくれたら，
接客係も客もたすかりそうだピョン。

4 採用試験に，AIが取り入れられはじめた

AIが，エントリーシートや履歴書を評価する

　「このAIは性能がよい」「あのAIはイマイチだ」などと，人間がAIを評価しているだけではすまない時代がやってきました。AIが，企業の採用試験で，人間を評価する手伝いをしているのです。

　よく研究されているのは，書類選考にAIを導入する方法です。まず，面接官が評価がした過去のエントリーシートや履歴書を，AIにお手本としてあたえます。**これによって，AIはどのようなエントリーシートや履歴書を合格にするべきかという，企業ごとの採用基準を学習します。**その学習結果をもとに，実際に提出されたエントリーシートや履歴書を評価して，次の試験に進む人材をしぼりこむのです。

ぼう大な数のエントリーシートを読まなくてすむ

　これまで人事の担当者は，採用試験のたびにぼう大な数のエントリーシートや履歴書を読まなければなりませんでした。**その作業をAIがになってくれるようになったことで，作業にかかる時間や負担が大幅に短縮されました。**また，書類選考だけではなく，面接のパターンを学習して，面接を行うAIも使われはじめています。

面接試験も AI

私たち人間が，対話エージェントに評価される時代が来ています。企業では，採用試験の書類選考だけでなく，面接試験や採用後の人事配置にも，AIが使われはじめています。

おすすめのパートナーを探す婚活AI

AIが，結びつくカップルのパターンを学習

　なんとAIは，最適な結婚相手を提案する役割までになうようになっています。AIによるお見合い方法の一つを紹介しましょう。

　まず，結婚相手をさがしている人物（仮にA子さんとします）のデータが，結婚支援エージェントのAIにあたえられます。A子さんの趣味や価値観などのデータや，結婚相手に求める条件などのデータです。このAIには事前に，エージェントが蓄積してきた「成婚データ」があたえられています。これは，過去にどのような2人が結婚に結びついたのかというデータです。**AIはこのデータをお手本にして，結びつくカップルのパターンを学習するのです。**

AIが，結びつきそうな候補に点数をつける

　A子さんのデータをあたえられたAIは，会員登録されたことのある女性の中から，A子さんに似たタイプの女性を探します。そしてこの女性と結婚した男性に似たタイプの男性を，登録中の男性の中から探します。こうしてAIは，うまく結びつきそうな男性の候補者を探しだし，点数をつけていきます。エージェントの紹介者は，この点数を参考に，最終的にA子さんに紹介する相手を選ぶのです。

お見合いの候補者を点数化

AIは，過去に結婚に結びついた人たちのデータから，結びつく
カップルのパターンを学習しています。A子さんのデータから，
結びつきそうな男性の候補者を探しだし，点数をつけます。

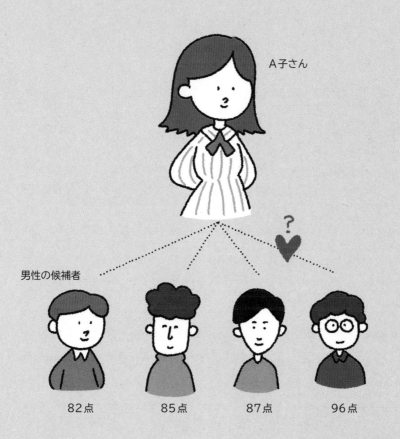

A子さん

男性の候補者

82点　　　　85点　　　　87点　　　　96点

AIが点数で表示してくれたら，
紹介者の負担は減るよね〜。

開発が進む「無人レジ」

「無人レジ」を利用したことはありますか？　無人レジとは，店員がいなくても，買い物客が代金の支払いをできるようにしたシステムのことです。たとえば値段の読み取りは，商品をカゴに入れたまま，専用の台に置くだけで完了します。あとは金額の表示を確認して，支払うだけです。

こうした無人レジを支えるしくみの一つに，「RFID」があります。RFIDは，商品などにつけられた「RFタグ」を，電波によって非接触で読み取るシステムです。

RFIDは，複数のRFタグを一気に読み取ることができます。電波が届く範囲であれば，読み取り機とRFタグとの距離がはなれていたり，RFタグが箱の中に入っていたりしても読み取り可能です。このためRFIDは，棚卸業務の時間短縮などにも役立ちます。RFIDの導入で，人手不足の解消や在庫管理の効率化をはかることもできるのです。

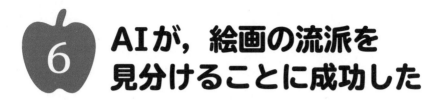

6 AIが，絵画の流派を見分けることに成功した

絵画の流派の判別は，簡単ではない

　源氏絵は，紫式部の『源氏物語』を題材にえがかれた絵画です。源氏絵をえがいた絵師は，大きく「土佐派」と「狩野派」の二つに分かれます。美術史の研究者が土佐派と狩野派を見分けるときには，貴族の顔のえがき方や，馬や松などの背景のえがき方に注目します。しかし流派の判別は簡単ではなく，どちらの流派の絵なのか，はっきりしないものもあります。そこで，AIを使って流派を判別する実験が行われました。

AIは，96.5%の精度で流派を見分けた

　実験には，土佐派と狩野派とその他の流派がえがいた源氏絵の顔画像を，合計560枚学習したAIが使われました。実験の結果，AIは96.5%の精度で，流派を見分けることができました。AIが顔画像のどの部分に注目していたかを可視化したところ，目の形と，耳や耳上部の髪に注目していたことがわかりました。耳や髪は，これまで専門家が注目してこなかった部分でした。AIがみつけた流派の推定方法は，研究をあとおしすると考えられています。

AIの二つのプログラム

AIには,「YOLOv2」と「VGG」という, 二つのプログラムが
搭載されています。YOLOv2は, 指定された物体を検出する
作業が得意なプログラムです。一方のVGGは, 細かい形のち
がいの識別が得意なプログラムです。

YOLOv2

指定された物体を検出
するプログラムです。
このプログラムで, 顔
画像を切りだします。

VGG

細かい形のちがいを識別
するプログラムです。事
前に学習した流派の絵の
特徴を参照しながら, ど
の流派かを推定します。

7 AIが，巨匠そっくりの絵をえがいた

AIが，レンブラントの作品346枚を学習

　AIを用いて，17世紀のオランダの画家レンブラントの作風をまねた，オリジナル作品の制作に成功した事例があります。マイクロソフト社やレンブラント博物館などが共同で行った，「The Next Rembrandt」プロジェクトです。このプロジェクトでは，346枚のレンブラントの作品について，色使いや構図などのえがき方の特徴をAIに学習させました。その結果，本物のレンブラントの作品といわれても違和感のない作品ができあがりました。

AIの絵に，約4800万円もの値がついた

　2018年には，AIがえがいた「エドモンド・デ・ベラミー」という肖像画が，ニューヨークのオークションに出品されました。この作品は，世界ではじめてAIがえがいたオリジナル絵画として評価され，43万2500ドル（約4800万円）もの値がつきました。このほかにも，すでにさまざまなAI絵師が誕生しています。AIがだれかのまねではなく，オリジナル性をもつ作品を生みだしていけば，新しい美術ジャンルの一つになるかもしれません。

AI絵師がえがく

　AI絵師は，油絵などの美術絵画だけでなく，さし絵などに使われる絵もえがいており，さまざまに進化をつづけています。

8 AIが，４コマ漫画の コマの特徴を学習した

ストーリーを理解できるAIの研究

AIも漫画家と同じように，面白い漫画をえがけるようになるでしょうか。シンプルなストーリーが展開される４コマ漫画を使って，ストーリーを理解できるAIの研究が進められています。４コマ漫画に多いストーリーは，４コマ目にオチが来る「一般型」と，１コマ目にオチが来る「出オチ型」です。一般型と出オチ型の４コマ漫画をそれぞれ50個ずつ使って，AIにコマの特徴を学習させます。

AIは，オチのコマを判別できるかも

一般型のコマの特徴を学習させたAIに，同じく一般型の１コマ目から４コマ目を，別々に見せます。そしてそれぞれのコマについて，オチのコマかどうかを判断させます。こうして，コマの特徴を学習したAIが，オチのコマを判別できるかどうかをみるのです。同じことを，出オチ型のコマの特徴を学習させたAIでも行います。

研究では，AIが４コマ漫画のオチのコマの特徴をとらえて，判別できる可能性が示されたといいます。AIがストーリーを理解できるようになることで，漫画制作に参入してくるかもしれません。

4コマ漫画の一般型と出オチ型

4コマ目にオチがくる一般型の4コマ漫画（左）と，1コマ目に
オチがくる出オチ型の4コマ漫画（右）です。オチとなるコマ
では，登場人物の感情が変化するような描写がみられます。

9 デジタルゲームの世界にも，AIが使われている

プレイ中に使われるAIは，3種類ある

ゲーム機やパソコン，スマートフォンで遊べるデジタルゲームにも，AIは使われています。**ゲームのプレイ中に使われるAIには，「キャラクターAI」「メタAI」「ナビゲーションAI」の3種類があります。**キャラクターAIは，ゲームに登場するプレイヤー以外のキャラクターが，自律的に行動するためのAIです。一方メタAIは，ゲーム全体を制御し，ゲームの流れをつくるためのAIです。そしてナビゲーションAIは，キャラクターの移動経路を探すためのAIです。

ディープラーニングを取り入れる動きもある

これまでゲーム製品に，ディープラーニングを使ったAIが組みこまれた例はないといわれています。ディープラーニングの学習の過程が，ゲームにとって不安定な要素になるためです。**一方，ゲームの開発工程では，ディープラーニングを使ったAIを取り入れていこうという動きがあるといいます。**たとえば，膨大なチェックが必要になる，ゲームのテストプレイなどの工程です。このようにデジタルゲームにとって，AIはなくてはならないものなのです。

キャラクターAIのしくみ

下のイラストは，キャラクターAIのしくみである「ビヘイビアツリー」とよばれるものです。キャラクターの一連の行動を，ツリー（木）状に定義しています。右に行くほど，キャラクターの行動がくわしくなります。

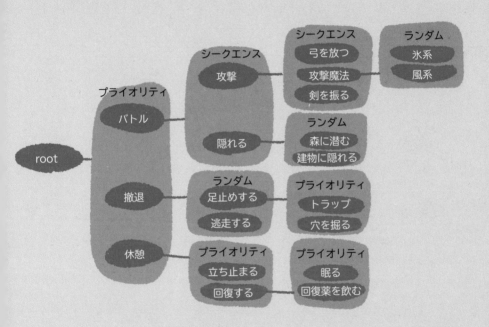

プライオリティ：優先度の高い物を選んで行動させるモード
シークエンス：順番に行動させるモード
ランダム：無作為に行動させるモード

このビヘイビアツリーで，
キャラクターの行動をつくっているのだ。

博士!
教えて!!

白黒写真をカラーにするAI登場

 博士！　テレビで，昭和16年（西暦1941年）の大相撲の白黒映像を，カラーにした映像を見ました！　すごい技術ですね。

 あれにもAIが使われておるぞ。2016年に，AIを使って白黒写真に自動で色をつける方法が発表されたんじゃよ。

 へえ。AIはそんなこともできるんですね。

 色をつけるAIの場合も，まずディープラーニングで大量の画像や映像を学習させて，物と色の組み合わせをおぼえさせるんじゃ。するとAIは，見せられた白黒画像に何が映っているかを認識して，その画像に合った色をつけられるようになるんじゃ。

 AIが，白黒画像に変な色をつけてしまったりしないのですか？

 この方法では，約90％の色つけが自然だったと，ユーザーに評価されたそうじゃ。

ロボット掃除機ができるまで

スーパーマーケット
向け
大型掃除ロボット
「ネクスゲンフロアケア
ソリューション」

SCジョンソン
ワックス社との
共同開発。
掃除の手法を学んだ

おもちゃ
「マイリアルベイビー」

ハズブロ社との
共同開発。
低コストの中国工場
を知った

可動型戦術の
ロボット
「パックボット」ほか

米国国防総省と協力。
あたえられた範囲を
くまなく調べる技術を
習得！

注：イラストは今のパックボット

2002年、
ロボット掃除機
「ルンバ」誕生

まったくことなる
開発がルンバに
つながった──

私は乗り物では
ないです。

♪♪♪

5. 災害対策に 活用される AI

災害対策にも，AIが使われはじめています。被害の予測だけでなく，SNS上の情報を災害対策に活用するなど，AIの強みを生かした使い方が試みられています。第5章では，災害対策に活用されるAIについてみていきましょう。

地震による津波の被害を，AIが予測

AIが，どのように浸水していくのかを予測

　日本は，世界でも有数の地震頻発地帯です。災害への対策は重要な課題で，この防災対策にも，AIを活用する取り組みが行われています。

　大地震が発生したときにおきる，おそろしい災害の一つが津波です。東京湾に面した工業地帯をもつ川崎市は，2017年から津波の予測や対策に，AIを導入するプロジェクトをはじめました。震源地付近で津波が観測されると，過去の津波のデータや津波のシミュレーションデータを学習したAIが，川崎市にはどのような津波がきて，どのように浸水していくのかを予測するのです。

地形の変化を考慮したシミュレーション

　津波は，沿岸部の地形をくずしながら進んでいきます。東京湾の埋め立て地の間には，たくさんの運河が走っています。プロジェクトでは，津波で時々刻々と変化する地形を考慮した津波災害のシミュレーションが行われました。その結果，運河に入った津波が長時間にわたって複雑な動きをし，運河を航行する船の荷が落ちたり，船がこわれてオイルがもれたりする危険性があることがわかりました。

AIによる津波即時予測

AIは事前に，過去の津波のデータのほか，ぼう大な津波のシミュレーションデータを学習しています。震源地付近で津波が観測されると，AIが瞬時に，津波はいつ，どのくらいの高さでおし寄せるのかを予想します。

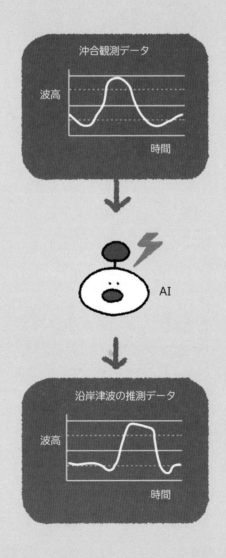

② AIが，SNS上の投稿を 災害対策に活用する

被災地にいる人が発信した情報を受信する

スマートフォンなどの普及にともなって，SNS（ソーシャルネットワーキングサービス）を，災害対策に使う取り組みがはじまっています。被災地にいる人が発信した被害状況や困難の情報を，行政機関などが受信できれば，すぐに行動をおこせるからです。しかし，SNSの投稿はぼう大な数に上るため，人間がその投稿にすべて目を通すのはたいへんです。また，人の言葉にはゆらぎがあるので，知りたい情報をさがすのにも手間がかかります。たとえば，「物資がない」という情報をさがすためには「物資がない」という言葉以外に，「物が足りない」などの言葉でも検索しなければなりません。

AIにまかせられれば，災害対策の初動が早まる

AIを搭載したSNS情報分析システムは，たとえば「不足しているものは何か」などの問いに対する投稿をAIが集約し，その内容がだれからでも確認できるシステムです。従来，これらの情報処理は，行政の職員が行っていました。しかしAIにまかせられれば，災害対策の初動が早まります。そして行政の職員は，もっと高度な判断が必要な仕事に取り組めるのです。

SNS情報分析システム

被災地の住民の声がSNSに投稿されると，AIは，どこからど
ういった内容の投稿が何件あるのかを分析します。何が必要と
されているのかがすぐにわかるため，自治体の災害対策本部な
どが迅速に対応できます。

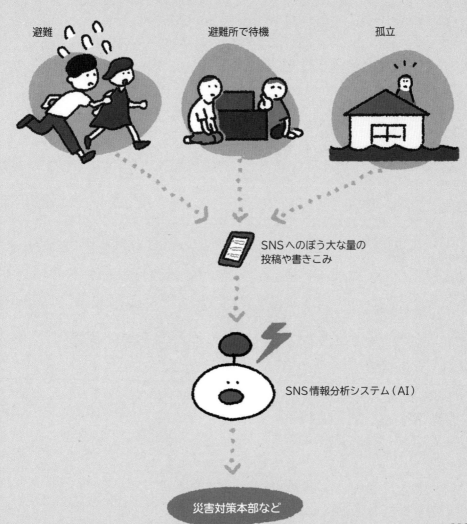

避難

避難所で待機

孤立

SNSへのぼう大な量の
投稿や書きこみ

SNS情報分析システム（AI）

災害対策本部など

3 デマ情報の拡散を防ぐのも，AIの仕事

SNSの投稿を分析し，デマへの対策を行う

　災害時におこりやすいのが，誤った情報が飛びかってしまう，いわゆるデマです。SNS情報分析システムは，SNSの投稿を分析することで，被災者の状況を把握するだけでなく，デマへの対策を行うこともできます。

SNSの投稿に矛盾があると，AIが検知

　AIは，その情報が正しいかどうかを判断することはできません。しかし，情報が矛盾しているかどうかはわかります。
　SNS情報分析システムでは，AIが矛盾したSNSの投稿を検知して，矛盾していることがわかるマークをつけます。行政側は，そのマークがついている情報を確認して，正しい情報をSNSを通じて広報することができるのです。

災害状況要約システム

情報通信研究機構が開発した災害状況要約システム「D-SUMM」は，Twitter上の投稿を分析し，内容ごとに整理・要約するシステムです。Twitterは，アメリカのツイッター社が提供するSNSです。（D-SUMMのウェブサイト：https://disaana.jp/d-summ/）

投稿を分析して
整理・要約し，
矛盾があれば印をつける

この情報は
デマですよ

正しい情報を，
SNSを通じて広報する

たくさんの人たちの動きを，AIが予測する

誘導方法を，シミュレーションとAIでみつける

イベントの開催中に，もし災害が発生したとしたら，どのように観客を避難させたらいいでしょうか。観客が数万人もいるような場合，勘や経験にたよって避難させることは，困難でしょう。人々を安全に避難させるための誘導方法を，コンピューターシミュレーションとAIを使ってみつける研究が，すすめられています。

条件の一部を，AIに推定させる

たとえば劇場から観客を避難させる場合，全員が避難するまでにかかる時間は，劇場のどの扉を開けるか，どの席にいる人から避難させるかなどの条件によって変化します。避難時間をシミュレーションで計算する場合，すべての条件を計算するには，ぼう大な時間がかかってしまいます。

そこで研究されているのが，AIを使う方法です。この方法では，条件の一部を，ディープラーニングで学習したAIに推定させます。こうすることで計算量がへり，シミュレーションの負担が軽くなり，計算時間を短くすることができるのです。

最短での避難方法

下の劇場には，扉が六つあります。シミュレーションと AI を使って計算したところ，この劇場から観客を全員避難させるまでにかかる時間は，中間の扉から逃げる人数を少なくすると短くなりました。

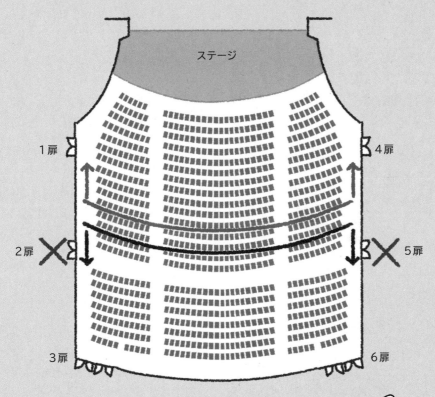

中間の扉から逃げる人数を少なくしたほうが速く避難できるなんて，意外だピョン。

博士！
教えて!!

なんでもこなす AI はできないの？

 博士，お母さんが「掃除も料理もしてくれる家事ロボットは，まだ開発されないのかしら」っていうんです。

 何でもこなせる家事ロボットの実現は，まだ遠いのぉ。

 車を自動運転する AI とか，接客する AI もいるなら，家事ロボットもすぐできそうな気がするんですけど…。

 たとえば自動運転車の AI は，車の運転はできるけれど，飛行機の操縦はできないのう。こうした AI は，設計した人間が想定した特定の課題に特化した AI で，「特化型 AI」というんじゃ。これに対して，なんでもこなす家事ロボットが搭載すべき AI は，「汎用型 AI」とよばれるものなんじゃ。

 汎用型 AI？

 汎用型 AI は，想定されていない未知の課題に対して，学習した知識をうまく組み合わせて対応できる AI じゃ。まだ完成しておらんがの。お母さんには，もうしばらく待ってもらうしかないのう。

ニュートン式
超図解 最強に面白い!!

時 間

2020年8月下旬発売予定　A5判・128ページ　本体900円＋税

　時間は，だれにとっても身近なものです。しかし時間とは，いったい何なのでしょうか。この疑問は，古くから多くの科学者たちを悩ませてきました。そして今なお，数多くの科学者が時間の謎を解き明かそうと，研究を進めています。

　「過去にもどることはできないの?」「楽しい時間が短く感じるのはなぜ?」「夜に自然に眠くなるのはどういうしくみ?」。時間についての疑問はつきません。科学者たちは，物理学や心理学，生物学など，さまざまな視点から，これらの疑問に答を出そうとしているのです。

　本書は，時間の謎を“最強に”面白く紹介する1冊です。ぜひご期待ください!

余分な知識満載だトキ!

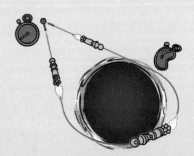

主な内容

時間の正体にせまる

時間の正体は，2500年以上前からの謎
時間は，宇宙の誕生とともに生まれたのかもしれない

タイムトラベルを科学する

未来へのタイムトラベルは，実際におきている
ワームホールを使った過去への旅行

心の時計，体の時計

楽しい時間は，あっという間
私たちは，体内時計に支配されている

暦と時計

地球の1年は，365.2422日
1年の長さは，少しずつ短くなっている

Staff

Editorial Management	木村直之
Editorial Staff	井手 亮，矢野亜希
Cover Design	岩本陽一
Editorial Cooperation	オフィス201（高野恵子，新留華乃）

Illustration

表紙カバー	羽田野乃花
表紙	羽田野乃花
3〜125	羽田野乃花

監修（敬称略）：
　松原 仁（東京大学大学院情報理工学系研究科AIセンター教授）

本書は主に，Newton 別冊『ゼロからわかる人工知能仕事編』の一部記事を抜粋し，大幅に加筆・再編集したものです。

初出記事へのご協力者（敬称略）：
　青野裕司（日本電信電話株式会社 NTT メディアインテリジェンス研究所心理情報処理プロジェクトプロジェクトマネージャ）
　稲本万里子（恵泉女学園大学人文学部教授）
　上野未貴（豊橋技術科学大学情報メディア基盤センター助教）
　大石裕介（株式会社富士通研究所人工知能研究所プロジェクトディレクター，東北大学災害科学国際研究所特任准教授（客員））
　大西正輝（産業技術総合研究所人工知能研究センター社会知能研究チーム長）
　岡崎直観（東京工業大学情報理工学系教授）
　小木津武樹（群馬大学次世代モビリティ社会実装研究センター副センター長）
　加藤真平（東京大学大学院情報理工学系研究科准教授，株式会社ティアフォー取締役会長兼最高技術責任者（CTO））
　川村秀憲（北海道大学情報科学研究院教授）
　岸本泰士郎（慶應義塾大学医学部精神・神経科学教室専任講師）
　木下航一（オムロン株式会社技術・知財本部研究開発センタ技術専門職）
　隅田英一郎（情報通信研究機構先進的音声翻訳研究開発推進センター副研究開発推進センター長）
　小長谷明彦（東京工業大学名誉教授，合同会社分子ロボット総合研究所代表兼所長，恵泉女学園大学客員教授）
　坪井一菜（マイクロソフトディベロップメント株式会社A.I. & リサーチ シニアプログラムマネージャー）
　中村亮一（千葉大学フロンティア医工学センター准教授，科学技術振興機構さきがけ研究員）
　永山実幸（川崎市総務企画局危機管理室長）
　波川敏也（サインポスト株式会社イノベーション事業部 AI レジ部長，株式会社TOUCH TO GO代表取締役副社長）
　馬場 惇（株式会社サイバーエージェント AI Lab リサーチサイエンティスト，大阪大学基礎工学研究科招聘研究員）
　浜本隆二（国立がん研究センター研究所がん分子修飾制御学分野分野長）
　松原 仁（東京大学大学院情報理工学系研究科AIセンター教授）
　三原宜輝（川崎市総務企画局危機管理室企画調整担当 担当係長）
　三宅陽一郎（株式会社スクウェア・エニックス テクノロジー推進部 リードAIリサーチャー）
　ショパン・アントワン（エルピクセル株式会社研究開発本部チーフエンジニア）

ニュートン式
超図解　最強に面白い!!

人工知能 仕事編

2020年7月15日発行

発行人	高森康雄
編集人	木村直之
発行所	株式会社 ニュートンプレス　〒112-0012東京都文京区大塚3-11-6
	https://www.newtonpress.co.jp/